GASTON
DE BONREPOS

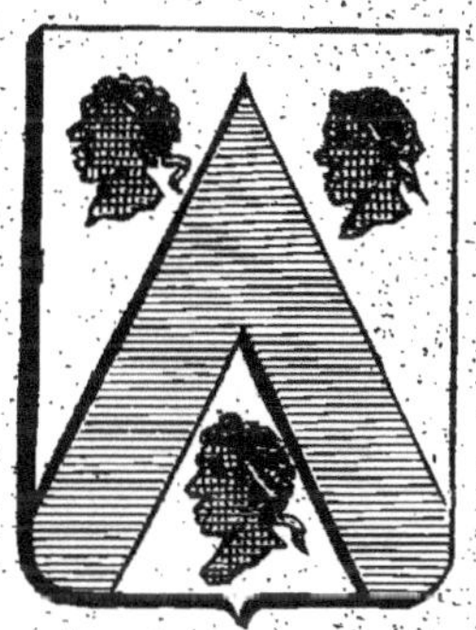

LYON
IMPRIMERIE D'AIMÉ VINGTRINIER
Rue de la Belle-Cordière, 14

1875

GASTON DE BONREPOS

GASTON

DE BONREPOS

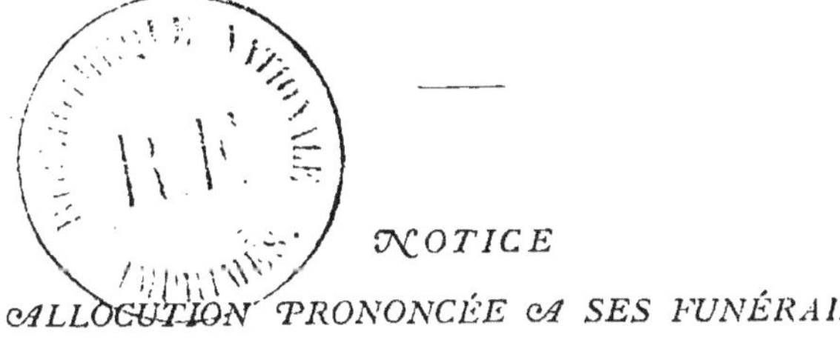

NOTICE

ALLOCUTION PRONONCÉE A SES FUNÉRAILLES

HOMMAGE ET SOUVENIR

P. B.

LYON

IMPRIMERIE D'AIMÉ VINGTRINIER

Rue de la Belle-Cordière, 14

1875

NOTICE

Pendant les temps troublés que nous traversons, il importe d'honorer la mémoire de ceux que la mort nous a ravis, quand ils ont marqué leur passage par l'exemple constant de la vertu, du courage et du dévoûment.

Gaston de Bonrepos fut de ce petit nombre d'hommes qui ne font que paraître pour rallier autour d'eux le respect, l'admiration et la sympathie de tous. Il n'emprunta son crédit ni aux honneurs officiels, ni à une grande fortune, mais seulement à l'estime générale. « Seigneur, donnez des *hommes* à ce siècle chancelant, » s'écriait un orateur célèbre (1).

Cette parole, Gaston de Bonrepos l'avait comprise, il fut un homme dans la véritable acception du mot ; son souvenir laisse au cœur une impression à la fois triste et fortifiante : il était si jeune, il était si accompli ! Il fut un homme de cœur, un homme d'esprit, « un vrai catholique selon le cœur de Dieu, un de ces Français qui font partie du cœur de la France (2). »

Il naquit au printemps de 1840. Son père, Louis Moreau de Bonrepos, orphelin de bonne heure, avait passé une partie de sa jeunesse à l'étranger ; plus tard, il devint garde du corps du roi Louis XVIII et officier de cuirassiers. C'était un homme d'une grande sagesse et d'un esprit cultivé. Doué d'une noble simplicité, M. de Bonrepos appartenait à cette forte génération d'hommes d'autrefois, que distinguaient le savoir solide, l'urbanité pleine de distinction et l'inébranlable fermeté des principes.

Sa mère était la fille du comte de la Majorie, ancien compagnon d'armes du duc de Berry, pendant les

(1) M. Combalot.
(2) *Univers*, 21 juillet.

campagnes de l'émigration; ce prince l'honorait de son amitié. Toute entière à la douleur de la perte de son fils, Mme de Bonrepos ne nous pardonnerait pas d'écrire ici son éloge.

Un jeune ecclésiastique du diocèse de Grenoble reçut la mission d'ouvrir cette intelligence aux premières clartés de la science; il le fit d'une main sûre et délicate. A 12 ans, Gaston devenait l'un des premiers élèves de Mongré, fondé à cette époque par les RR. PP. Jésuites. Un peu plus tard, il entra au collège de Sorrèze, dont le P. Lacordaire venait de prendre la direction. Il est facile de pressentir ce que devait devenir un tel élève sous la main de tels maîtres.

Après avoir subi, avec succès, ses examens littéraires, il rentra sous le toit paternel, dont il était la joie, en attendant qu'il en devînt l'orgueil. Mais déjà l'inaction lui pesait, et, après le guet-apens de Castelfidardo, il demanda avec instance et obtint de partir pour Rome.

L'époque de son séjour aux zouaves pontificaux est l'une de celles de sa vie dont il gardait les plus chers et les plus chauds souvenirs. Il y fut, comme il devait l'être plus tard, à Paris, l'exemple de tous, l'ami de tous ses camarades sans banalité ; son entrain, son affabilité, sa verve chevaleresque, le faisaient adorer. Que de profondes amitiés, restées fidèles jusqu'au bout, datent de cette époque : Alph. de Surigny, si regretté et qui méritait si bien de l'être, E. de La Chapelle, H. des Garets, Châtel, H. Bouchet, de Chazotte, de Gatellier, etc., tous étaient séduits et comme fascinés par ses brillantes qualités.

Toute son ambition, il n'en connut jamais d'autres, était une mort glorieuse ; aussi ce ne fut pas sa faute si les balles de la Révolution l'épargnèrent, en Italie. De retour en France, il ferma les yeux de son digne père, le pleura amèrement et se consacra tout entier à sa mère.

Marié à une jeune femme, digne de lui par la race et le cœur, Gaston, déjà père d'un fils, partit en 1870 avec les mobiles de l'Ain, pour Paris, sur le point d'être assiégé.

Il subit et rechercha tous les dangers du siége. Dangers des reconnaissances et des combats, dangers des ambulances et des épidémies : il endurait, le sourire sur les lèvres, toutes les privations ; son âme vaillante ne se sentait faiblir qu'en face des malheurs de son pays et des désastres inexplicables de nos armées. « Non, parole d'honneur ! s'écriait-il un jour, je ne sâis plus où les neuf dixièmes des Français placent leur cœur maintenant ; » pour le sien, il était à son pays, à ses hommes, qu'il encourageait de ses conseils et de sa bourse.

La vivacité de sa riche nature n'excluait point chez Gaston de Bonrepos le sang-froid. Un trait entre autres : le soir du 16 décembre, il faisait une ronde, aux postes avancés ; l'heure tardive, le silence de la nuit, interrompu, de loin en loin, par quelques coups de feu, l'inexpérience d'un pareil service déjà dur pour de vieux militaires, impressionnèrent tellement le mobile de garde, qu'il fit feu à bout portant sur le capitaine : « Maladroit, lui dit-il, si c'était un Prussien, tu l'aurais cependant manqué ! » Inutile d'ajouter qu'il garda le silence sur cet événement, que l'indiscrétion et aussi la frayeur de la sentinelle nous firent connaître.

Il revint ; hélas ! peu après son retour, il devait ressentir le contre-coup de ces privations trop énergiquement supportées. Une fièvre, dont il ne devait pas guérir, allumait tout son sang et brûlait lentement sa vie ; elle n'épuisa pas ses forces, cependant ; elles restèrent toujours au service de ses anciens soldats, de ses amis, et surtout des petits et des pauvres. Les premiers voulurent lui donner un gage de reconnaissance, ils lui offrirent une épée d'honneur d'un goût et d'un travail exquis. Le jour où ils la lui présentèrent fut l'un des meilleurs de sa vie : son fils gardera fidèlement ce trophée glorieux de l'amour et de l'admiration. Quant à ses amis, ils le pleurent et le louent. Les petits et les pauvres garderont l'impérissable souvenir de ce nom devenu si rapidement populaire. Oui, cet homme, jeune encore, avait déjà conquis, dans son pays, une position prépondérante par le seul ascendant de sa nature aimante et loyale; tous l'aimaient, tous l'estimaient, et si ses principes pouvaient avoir des ennemis, sa personne n'inspirait qu'attrait et affection.

Une qualité n'échappait point à ses amis et ferma constamment la bouche de la médiocrité envieuse, c'était son extrême modestie. Il fuyait les honneurs ; aussi, selon la parole du Maître, lui furent-ils donnés par surcroît : à 35 ans, Gaston de Bonrepos était chevalier de la Légion d'honneur, chevalier de saint Grégoire-le-Grand, ordre équestre, et de Charles III d'Espagne, du chef de Charles VII.

Ses funérailles, à Savigneux, furent un triomphe,
cultivateurs et ouvriers avaient abandonné leurs travaux pour accourir rendre un dernier hommage à celui
qu'ils appelaient « leur ami » ; et lorsque tout fut terminé,
chacun se retira la douleur au cœur, car l'Eglise venait
de perdre un fils dévoué, et la France un vaillant
soldat et un homme de bien.

ALLOCUTION

Consummatus in brevi explevit
tempora multa.

Sa vie fut courte, mais bien
remplie.

Sap. cb. iv, ỹ 13.

MESSIEURS,

En face de ce cercueil, où repose celui que nous
avons tous aimé, cette sentence du livre de la Sagesse
me paraît résumer admirablement sa vie et ses œuvres.
Consummatus in brevi, il a peu vécu, trente-cinq ans à
peine ; l'ange de la mort l'a moissonné dans sa fleur :
explevit tempora multa, et il a fourni une longue carrière ;
c'est-à-dire qu'à cet âge où tant d'autres ont à peine
ouvert leur sillon, il avait déjà signalé sa présence dans
les affaires de son pays et dans la petite phalange des
vaillants et des forts : *Consummatus in brevi, explevit
tempora multa.*

Mais cette parole sacrée, Messieurs, doit être pour

nous plus qu'une parole d'éloge, elle doit être une parole de consolation ; aussi, ce ne sont pas des larmes, mais des louanges avec des prières que je veux verser sur cette tombe si prématurément glorieuse. Ce ne sont pas des louanges seulement que je veux redire, mais des espérances saintes que je me propose de faire naître dans vos cœurs, en vous parlant de notre très-cher, très-regretté et très-vaillant Gaston-Daniel-François-Colombe Moreau de Bonrepos.

Toutefois, Messieurs, je ne me le dissimule point, pour redire quelques-uns des traits d'une vie si bien remplie, vous eussiez désiré une parole à la fois plus éloquente et plus autorisée ; la trouver eût été facile parmi ces prêtres distingués, qui forment comme une couronne autour du cercueil de ce vaillant défenseur de l'Eglise : mais on a voulu que l'ancien aumônier, l'ami de ce cher défunt, en vous parlant de ce qu'il a vu, aimé et admiré en lui, rendît à sa mémoire un suprême hommage et à vos cœurs une dernière consolation.

Mais pourquoi parler de consolation au souvenir de ce vaillant chrétien, de ce martyr du devoir ? Pourquoi serions-nous tristes, nous qui avons la parole de Dieu ?

Pourquoi serions-nous tristes, nous qui avons les espérances de Jésus-Christ ? Comme autrefois les glorieux Machabées, n'a-t-il pas livré son âme au péril, *dederunt se periculo,* et cela, afin que l'Eglise, la patrie, la famille et le foyer, toutes ces grandes et saintes choses restassent debout : *Ut starent sancta* (1).

Il s'y dévoua tout entier, vous allez le voir.

Vous le savez tous, Messieurs, la charité était pour notre vaillant ami une vertu de famille : en effet, la ville de Trévoux en conserve encore les impérissables souvenirs, et cette chère paroisse de Savigneux, où il devait habiter, était remplie des bienfaits de son généreux père. C'était là, n'est-il pas vrai, un noble héritage ? Il sut s'en montrer digne. Dès son enfance, soit à Saint-Rambert, soit ici, il aimait à donner l'aumône, en attendant qu'un jour il pût, avec son aumône, donner sa loyale main, qui tant de fois a soutenu et encouragé le pauvre. A peine avait-il séjourné quelques mois au Collège, que déjà il avait su conquérir l'affection de tous ses camarades. Esprit facile, cœur droit et bon, généreux surtout, soit à Mongré, soit à Sorrèze,

____

(1) Machab. xiv, 29.

Gaston de Bonrepos était devenu l'ami de tous : « nous étions littéralement sous le charme de ses brillantes qualités, » m'écrivait l'un de ses anciens camarades.

Aux premières heures de sa jeunesse, il se sentit dévoré du désir de se dévouer : ce désir, avec les années, deviendra une passion ; aussi, au milieu de ce siècle plongé tout entier dans les calculs et les habiletés d'un froid égoïsme, ce vaillant jeune homme m'apparaît-il comme un revenant des âges passés.

En 1861, une politique mensongère, pour ne rien dire de plus, avait laissé occuper une à une toutes les provinces pontificales, tout en les couvrant d'un semblant de protection ; à Castelfidardo, des mains dont la France avait brisé les chaînes avaient versé le sang français : c'était une noble et sainte cause ; Gaston de Bonrepos n'hésite pas un instant ; sa foi, son cœur le pressent de se dévouer, il part, il part avec vous, nobles et vaillants jeunes hommes que je vois si nombreux ici. Vous étiez à leur tête, mon général. Ah ! en face du cercueil de celui dont vous fûtes l'ami plus que le chef, laissez-moi vous saluer et vous bénir, car à Rome, comme à Patay, vous nous avez appris à ne désespérer ni de la valeur, ni de la gloire de la France (1).

Nous étions en 1866, la valeureuse légion d'Antibes revenait sur le sol français, apportant, hélas ! dans les plis de son drapeau notre dernière victoire ; avec elle rentraient aussi quelques-uns de ces généreux volontaires voués au service de l'Eglise et de l'honneur : Gaston de Bonrepos était de ce nombre. La France les accueillit presque partout avec insouciance, çà et là même avec froideur. Ne nous en étonnons pas trop, Messieurs, de sceptique, la France était devenue rieuse.

Tout à coup, du nord au midi, retentit un long cri de guerre ; il a pour écho l'enthousiasme irréfléchi d'une grande nation plus occupée de ses plaisirs que de ses affaires. La terre tremble sous les pas des armées : *commota est terra à voce exercituum* (2) ; l'heure a plus que jamais sonné pour notre cher défunt : il faut aller défendre la France, car cette France si fière était envahie ; bien loin de le retenir, les nobles femmes dont il était l'orgueil et le soutien l'encouragent ; il part.

(1) Le général baron de Charette.
(2) Ioai. ix. 16.

Il part, Messieurs, et bientôt il laissera voir tout ce que sa grande âme renferme d'énergie et de dévouement. Tout entier à la compagnie dont il est le chef, il se multiplie pour la former rapidement au rude métier des armes. Pour cela, il prêche d'exemple, car il sait que les armées valent ce que valent les chefs; il est toujours le premier aux appels et aux manœuvres, il est un homme de devoir. A vous, chers jeunes gens de la sixième, de dire ce que fut votre cher capitaine. Mais, pourquoi vous interroger, quand je vois sur ce cercueil cette épée d'honneur, ce digne témoignage de votre reconnaissance et de votre admiration?

A peine arrivé à Paris, Messieurs, notre jeune officier prouve ouvertement que chez lui le soldat est doublé du chrétien, il reçoit le Pain des forts, le voilà prêt pour tous les sacrifices.

Cependant, une terrible épidémie étendait ses ravages sur la ville assiégée; la population et l'armée en étaient également atteintes, des vides nombreux se faisaient dans le bataillon, la tristesse était empreinte sur tous les visages : « Serions-nous venus ici, disait « notre ami, pour mourir tristement dans un lit?... »

En attendant, il se soucie surtout de la santé de ses

hommes ; Bicêtre, l'hôpital Saint-Martin, celui du Gros-Caillou le voient journellement à la recherche de ses soldats malades : ne vous représente-t-il pas, je vous le demande, Messieurs, un père à la recherche de ses enfants ?

Le fléau l'atteint à son tour et vient arrêter l'élan de son imprudente charité, mais il ne saurait abattre son courage. Le 13 octobre, les échos de la canonnade de Bagneux arrivent jusqu'à ses oreilles ; il demande un journal : « Les travaux de la défense, dit-on, sont très-« avancés ; les assiégés devront prendre l'offensive. » Oh ! alors il n'y tient plus, il se lève et vient nous rejoindre. Je le vois encore apparaître, le visage amaigri, l'œil terne et cependant plein de résolution, ne répondant à nos justes représentations que par ce franc sourire qui lui gagnait tous les cœurs. C'était à Gentilly, la nuit suivante, sa compagnie était de garde, il voulut la commander en personne ; il ne voulait pas qu'un seul coup de fusil vînt à se tirer dans le bataillon, sans qu'il fût présent.

Hélas ! Messieurs, Dieu le destinait à une mort moins glorieuse ! et cependant, puisqu'il devait en contracter le germe dans ce rétablissement hâtif, ne m'est-il pas permis de louer cette mort à l'égal d'un martyre ?

Il serait superflu de vous dire, Messieurs, le courage et la gaieté dont il fut constamment animé pendant les rudes et interminables privations du siége : son visage ne s'assombrissait que lorsqu'il parlait de cette inaction constante dans laquelle le bataillon restait ; oh ! alors, la patience semblait l'abandonner tout à fait.

Vers le milieu de décembre, il n'y tient plus, et par une matinée froide et brumeuse, sans ordre supérieur, il partit en reconnaissance avec vingt hommes, la poussa si loin vers les avant-postes ennemis, que la valeureuse troupe fut accueillie tout à coup par une grêle de balles ; elle se retire dignement, laisse deux hommes blessés, je les vois ici, et tous les deux pleurent et bénissent leur vaillant chef, que personne n'osa réprimander de cette téméraire sortie. Toutes les heures de sa vie de campagne sont admirablement remplies, il soutient ses hommes de ses bonnes paroles et de sa bourse ; à leurs regrets du pays et de la famille il répond par la nécessité de sauver l'honneur et l'intégrité de la France, et, pour faire pénétrer plus avant dans leurs cœurs ces hautes démonstrations, il descend jusque dans les plus petits détails de soins et de douceurs à leur donner.

Mais, hélas! Paris, comme Strasbourg, comme Metz, Paris devait succomber; la justice de Dieu devait être satisfaite, et là où si longtemps avait régné le plaisir l'humiliation et la douleur devaient étendre leur linceul! Son âme chevaleresque fut profondément humiliée et dut faire appel à tous ses sentiments chrétiens pour en supporter l'amertume.

Mais il était écrit que notre malheureux pays devait éprouver tous les désastres! La guerre civile vient ajouter ses horreurs à la guerre étrangère. Après ces heures de tristesse, d'anciennes et profondes convictions lui disaient où était le salut pour la France ; il se dévoue tout entier à les servir; mais il n'est jamais impatient et reste, malgré son crédit, le soldat modeste et obéissant d'une noble cause.

Ici, dans sa chère commune, il multiplie à plaisir les occasions de se dévouer ; au dehors il ne refuse aucune demande, il considère comme un devoir d'obliger tout le monde, il met en œuvre de nobles amitiés, n'épargne ni sa santé, ni sa fortune, ni son crédit, et, ce devoir, il le pousse, permettez-moi le mot, Messieurs, jusqu'à l'exagération. Sous l'influence de cette activité fiévreuse et qui s'ignore, sa santé s'altère profondément ; tout le monde l'en avertit, lui seul ferme les yeux ; il a si grand souci de ne pas perdre une seule occasion de se dévouer qu'à son lit de mort il recommande encore à un parent de s'informer du résultat d'une démarche que la maladie l'avait empêché de renouveler.

Mais enfin les forces trahissent ce grand courage, il doit s'arrêter ; dès le début, la maladie le trouve patient et résigné, les prières s'unissent à la science et, pendant quelque semaines, le danger semble conjuré.

Pour sauver une existence si précieuse, on a résolu de la confier à nos grandes célébrités de Paris. Mais hélas ! l'heure marquée par la divine Providence allait sonner bientôt ; ce Paris où son cœur avait tressailli d'espérance pour sa patrie, ce Paris où il avait souffert et combattu, ce Paris devait être son tombeau. A mesure que le moment suprême approche, notre cher malade fait et renouvelle son sacrifice ! Lui, si impétueux, devient un modèle de patience ! Aussi, en face de cette résignation si chrétienne et de cette fin si prématurée, l'un de ses meilleurs amis (1) ne pouvait s'empêcher de s'écrier : « Et cependant, je ne « puis me figurer encore Gaston tué autrement que « par une balle. »

Après cinq mois d'une lente agonie, ses yeux si bons, ses yeux si sympathiques vont se fermer ! Sa parole jadis si énergique, sa parole n'est presque plus entendue, et cependant son visage amaigri conserve encore cette expression de force et de douceur qui en faisait le charme ! La pureté de son âme semble se refléter sur les traits de son visage ! Un ami d'enfance (2) a traversé les mers et vient serrer sa main défaillante. « Mon sacrifice est fait, » disait-il à cet ancien compagnon d'armes ! Et comme il lui parlait de ses enfants, Gaston lève ses yeux mourants et du doigt il montre le ciel ! Dites moi, Messieurs, si les saints savent autrement mourir.

Et maintenant il n'est plus ! La mort nous aurait-elle donc tout ravi ? Non, elle nous laisse ses exemples, elle nous laisse l'impérissable souvenir d'une âme vaillante purifiée par la souffrance. Il est mort comme

(1) M. le général baron de Charette.
(2) M. Ernest de La Chapelle.

un saint, cette pensée adoucit notre dernier adieu ; il est mort martyr de son dévoûment à toutes les saintes causes et au bien de ses frères, recevez-le donc dans vos glorieuses phalanges, vaillants chevaliers des anciens âges, glorieux martyrs de Castelfidardo, de Mentana, de Patay et de Paris, recevez-le dans les sphères éternelles, il est des vôtres, il est digne de vous.

Seigneur Jésus! si les yeux de votre infinie justice voyaient encore quelques taches dans l'âme de ce vaillant serviteur, daignez les effacer par les mérites de votre sang divin : donnez, oh! donnez à sa vénérable mère la force de supporter cette suprême douleur ! Seigneur Jésus, qui avez tant aimé les petits enfants, prenez sous votre protection spéciale les deux orphelins qu'il vous confiait en mourant; soyez l'appui de leur inconsolable mère, et, puisque vous avez voulu qu'il mourût en servant l'Eglise, sa patrie et ses frères, faites que nous le fassions revivre, nous aussi, non-seulement dans nos paroles, mais surtout dans nos œuvres.

Ainsi soit-il.

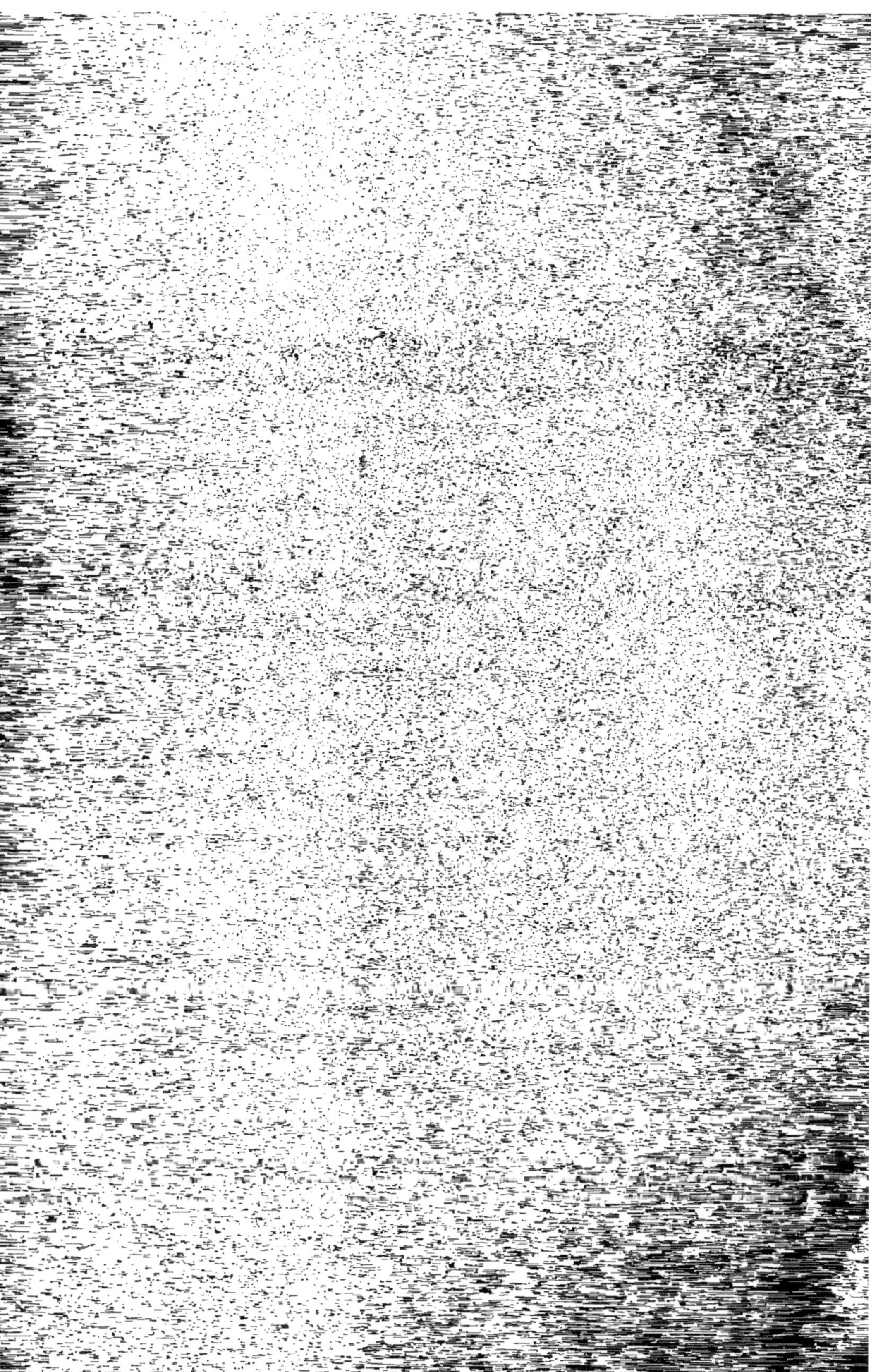

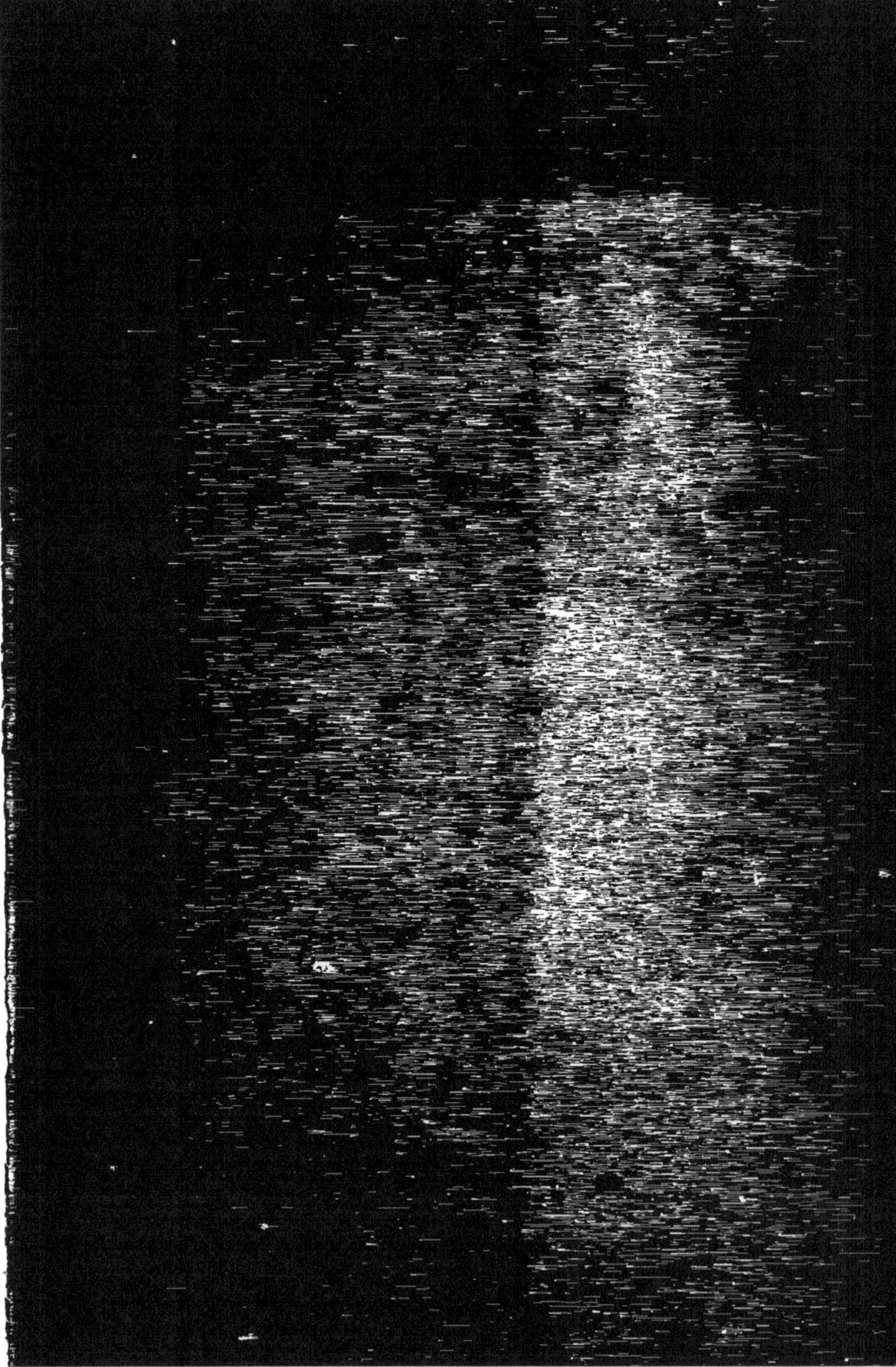

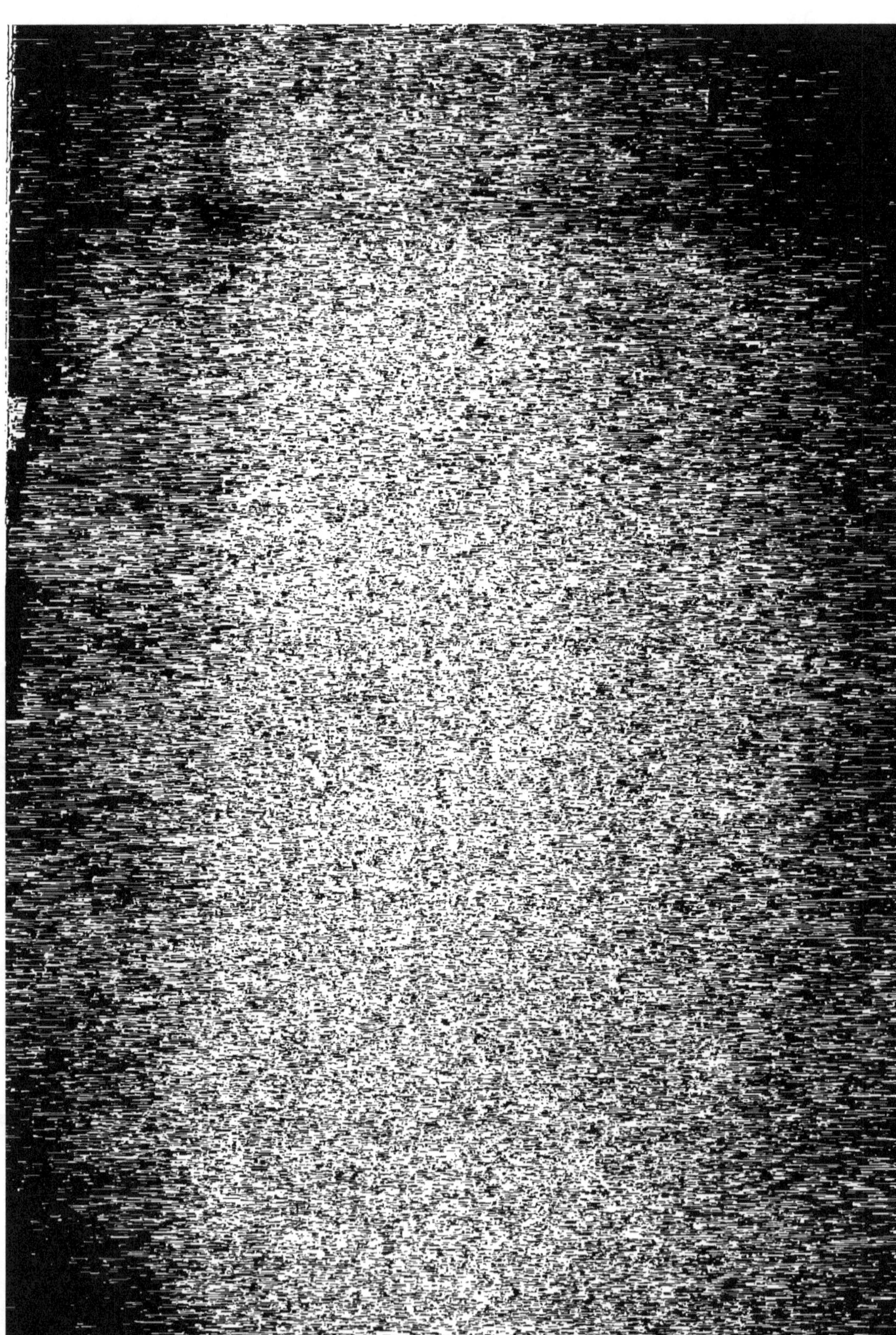